Nuestra comunidad global

Ropa

Lisa Easterling

Heinemann Library
Chicago, Illinois

Customer Service 888-454-2279
Visit our website at www.heinemannraintree.com

Designed by Joanna Hinton-Malivoire
Photo research by Ruth Smith
Printed and bound in China by Leo Paper Products Ltd
Translation into Spanish produced by DoubleO Publishing Services

11
10 9 8 7 6 5 4 3 2 1

The Library of Congress has cataloged the first edition of this book as follows:
Mayer, Cassie.
   [Clothes. Spanish]
   Ropa / Cassie Mayer.
      p. cm. -- (Nuestra comunidad global)
   Includes index.
   ISBN 1-4329-0447-7 (hb - library bindng) -- ISBN 1-4329-0456-6 (pb)
   1. Clothing and dress--Juvenile literature. I. Title.
   GT518.M34 2007
   391--dc22
                              2007022308

Acknowledgements
The publishers would like to thank the following for permission to reproduce photographs: Alamy pp. **9** (Blend Images), **15** (Around the World in a Viewfinder), **23** (Blend Images); Corbis pp. **4** (James Leynse), **5** (Michael Reynolds/epa), **6** (Galen Rowell), **8** (Fabio Cardoso/zefa), **10**, **11**, **12** (Jose Luis Pelaez, Inc.), **13** (Yang Liu), **16** (Penny Tweedie), **17** (Daniel Lainé), **18** (Peter Turnley), **19** (Roger Ressmeyer), **20** (Sergio Pitamitz), **23** (Yang Liu; Michael Reynolds/epa); Getty Images pp. **7** (Image Bank), **14** (Robert Harding).

Cover photograph reproduced with permission of Corbis/Peter Adams/zefa. Back cover photograph reproduced with permission of Alamy/Around the World in a Viewfinder.

Every effort has been made to contact copyright holders of any material reproduced in this book. Any omissions will be rectified in subsequent printings if notice is given to the publishers.

The paper used to print this book comes from sustainable resources.

Contenido

Ropa

Las personas usan ropa.

La ropa protege el cuerpo.

Tipos de ropa

La ropa te protege del frío.

La ropa te protege del sol.

Hay ropa para trabajar.

Los uniformes son un tipo de ropa
para trabajar.

Hay ropa para hacer deporte.

Hay ropa para estar afuera.

Hay ropa para los días especiales.

Hay ropa para los días feriados.

Ropa del mundo entero

En Japón, algunas personas
llevan kimonos.

El kimono se usa con un cinturón ancho.

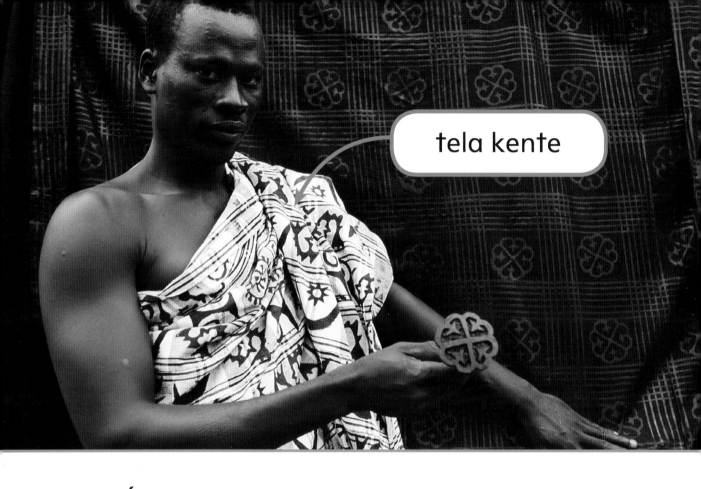

tela kente

En África, algunas personas usan
tela kente.

La tela kente se usa en
ocasiones especiales.

En la India, algunas mujeres usan saris.

sarong

En Bali, algunos hombres usan sarongs.

La ropa es diferente en cada lugar.

¿Qué tipo de ropa usas tú?

¿De qué está hecha la ropa?

- La ropa está hecha de algodón.
  El algodón viene de una planta.

- La ropa está hecha de lana.
  La lana viene de las ovejas.

- La ropa está hecha de seda.
  La seda viene de los gusanos de seda.

- La ropa está hecha de lino.
  El lino viene de una planta.

Glosario ilustrado

día feriado día especial que tiene lugar todos los años en la misma fecha

proteger mantener a salvo de daños

uniforme ropa que indica dónde trabajas

Índice

Nota a padres y maestros

Esta serie abre los horizontes de los niños más allá de sus vecindarios para mostrarles que las comunidades en todo el mundo comparten similares características y rituales de la vida diaria. El texto ha sido seleccionado con el consejo de un experto en lecto-escritura para asegurar que los principiantes puedan leer los libros de forma independiente o con apoyo moderado. Unas fotografías impresionantes refuerzan visualmente el texto y el material capta la atención de los estudiantes.

Usted puede apoyar las destrezas de lectura de no ficción de los niños ayudándolos a usar el contenido, el glosario ilustrado y el índice.